数学世界探险记

超常智力的测验

刘修博 编译

哈尔滨工业大学出版社
HARBIN INSTITUTE OF TECHNOLOGY PRESS

图书在版编目(CIP)数据

超常智力的测验/刘修博编译. —哈尔滨:哈尔滨工业大学出版社,2012.4(2013.7重印)
(数学世界探险记)
ISBN 978-7-5603-2892-8

Ⅰ.①超⋯ Ⅱ.①刘⋯ Ⅲ.①智力测验-少年读物 Ⅳ.①G449.4-49

中国版本图书馆 CIP 数据核字(2012)第 265286 号

策划编辑	甄淼淼 刘培杰
责任编辑	王勇钢
出版发行	哈尔滨工业大学出版社
社　　址	哈尔滨市南岗区复华四道街 10 号　邮编 150006
传　　真	0451-86414749
网　　址	http://hitpress.hit.edu.cn
印　　刷	哈尔滨市工大节能印刷厂
开　　本	787mm×1092mm　1/16　印张 7.125　字数 113 千字
版　　次	2012 年 4 月第 1 版　2013 年 7 月第 3 次印刷
书　　号	ISBN 978-7-5603-2892-8
定　　价	198.00 元(套)

(如因印装质量问题影响阅读,我社负责调换)

编 者 的 话

我曾在中国生活到大学毕业，中学毕业于一所省级重点中学，数学一直是我的一个弱项，尽管后来我考入了西南交通大学，但数学一直困扰着我，回想起近20年学习数学的经历，我现在才认识到是小学时没能激发起学习数学的兴趣，当时的小学课本及"文化大革命"后期的数学老师讲解过于枯燥。

大学毕业后，我到了日本，发现日本有许多数学课外书编的很生动、有趣，而且图文并茂，我的小孩很爱读。

新闻业有一句听上去很绝望的格言，叫做"给我一个故事，看在上帝的份上，把它讲得有趣些"这句话其实更应对数学界说。近年来，我成立了翻译公司便着手开始编译了这套适合中、日儿童的少年科普图书。

这套丛书共由十册组成。

第一册　　有趣的四则运算。
第二册　　各种各样的单位。
第三册　　恼人的小数分数。
第四册　　稀奇古怪的单位。
第五册　　有关图形的游戏。
第六册　　神奇莫测的箱子。
第七册　　隐藏起来的数字。
第八册　　妙趣横生的集合。
第九册　　上帝创造的语言。
第十册　　超常智力的测验。

这套书的读者对象是少年儿童，所以选择以探险为故事情节。

有人说儿童总是显得比成年人勇敢，恰似小型犬总是比大型犬显得勇敢，可是宠物专家说，那不是勇敢，只是容易激动。儿童比成人有好奇心，就让这难得的好奇心带着儿童走进数学的殿堂。

刘修博

2013年1月于日本

超常智力的测验

啊，各位身体好!

这本书是本套书的最后一册。

与前九册书完全不同，在这册书中，搜集了很多饶有趣味的智力测验题。这是一本不会使人感到一点烦恼的数学游戏专辑。

正因为这样，所以，对喜欢数学和热衷于数学研究的人来说，无论何时何地，只要一翻开这本书，都会爱不释手。

对于书中的那些关于比赛、猜谜、解难题之类的问题，你们要像着谜似地把它们做出来。你们也可以把它们拿给亲戚朋友和爸爸妈妈，让他们同你们一起来考虑。你们要把自己的头脑锻炼得敏锐些。这样，在遇到挑战时才会显得优越，以至于高人一等。

数学世界探险记

开心博士 我从书橱里找出来一部古老的书,书名是《数和形的智力测验集》。在这本书中,共搜集了9 999道优秀的智力竞赛题和有趣的难题。

我把这本书拿给探险队的小伙伴们看,米丽娅、萨沙、罗伯特都高兴得了不得……当他们看到右边这道题时,真是喜欢极了。

我和米丽娅他们按这本书中的题目,做了令人开心的游戏,并从中特意选出了适合大家做的题目,编成了一本书,即你们看到的这个第十册。

用金条做酬谢的礼品

这是很早以前的故事。孤儿伊万到邻街有钱的人家,帮着干了一周的活。

主人看聪明伶俐的伊万活干得不错,心里很喜欢。主人对伊万说:

"伊万!这里有一根7 cm的金条。我用它做酬谢你的礼品。你干了七天活,如果我要你从干活的第一天起,每干完一天就取走这根金条的七分之一(即1 cm),而这根金条只允许切

    这各种各样的题目，都是人类智慧的结晶。当然，其中也包括数学家个人创作出来的像宝石那样闪烁着美丽光辉的智力测验题。

    好，请大家都愉快地去迎接那些题目向你们提出的挑战吧!

断两次，那么你能办到吗?假如能办到，那么我就收留你做我的儿子。"

    伊万侧着头略加思考，就把问题解决了。于是，他很幸运地成为有钱人的儿子。

    那么请问，伊万是怎样解决问题的呢?

答案在72页。

数学世界探险记

超常智力的测验

目 录

1　淘气的小蜘蛛 —————————— 6
2　牛奶的量法 ——————————— 7
3　哪个杯子里的水更咸？————— 8
4　日历中的谜 ——————————— 9
5　虫蛀数字的计算① ——————— 10
6　把土地分给4人 ———————— 12
7　把三角形颠倒过来 ——————— 13
8　到底有多少？—————————— 14
9　怎样把面饼快点烙出来？———— 15
10　算出隐蔽的数 ————————— 16
11　安德烈和尼亚的百米赛跑 ——— 17
12　能折叠多少回？———————— 18
13　美妙的算题 —————————— 19
14　蛋糕上的蔷薇花 ——————— 20

15　猜数 —————————————— 22
16　袋鼠和鹿的200 m赛跑 ———— 23
17　用三个9做计算，使其结果等于8 — 24
18　一道关于挂钟的趣题 ————— 25
19　长针和短针赛跑 ——————— 26
20　天平上砝码的问题 —————— 27
21　三对动物父子过河 —————— 28
22　虫蛀数字的计算② —————— 30
23　划拳与花纸 —————————— 31
24　剪细绳 ————————————— 32
25　究竟驮了多少瓶葡萄酒？——— 33
26　利用直线作曲线 ——————— 34
27　9条线怎么变成了8条？———— 36
28　奇怪，消失了一个人！———— 37

29 发现了新星！————38	43 七巧板————————55
30 4个人骑3匹马旅行————39	44 野狗的美梦—————56
31 搭救国王和公主————40	45 梵塔问题——————58
32 哪月出生，现年几岁？——42	46 出自一个少女之手的算题——59
33 虫蛀数字的计算③———43	47 赴约————————60
34 为防盗而架设铁丝网———44	48 落难人与饼干————61
35 究竟哪个大？—————46	49 在火车上睡觉所产生的问题——62
36 玻璃杯中的细胞分裂———47	50 鸭子和鸭蛋—————63
37 找出质量小的小球————48	51 面积怎么变了？————64
38 避开由你消最后一个点——49	52 27枚金币——————65
39 分11头大象——————50	53 侦查制做假银币的人！——66
40 100棵苹果树结多少个苹果？——52	54 巫婆的骗人鬼话————68
41 把4只汽艇开到对岸去———53	55 把钢丝缠绕在地球上———70
42 两个旅行者和一只狗———54	56 问候600次"早安！"———71

淘气的小蜘蛛

1

在高高的樱花树的枝头上，住着一对蜘蛛父子。

儿子知木是个顽皮好动的淘气包。一天，他在嬉戏中，把父亲古茂十分珍爱的家(蜘蛛网)扯出了一个大窟窿。对此，父亲很生气，狠狠地训斥了他。古茂说："知木！我给你这样的处罚。你先从树的枝头开始，向下拉蛛丝24 m。然后用30 min的时间往上爬行5 m，接着再用30 min的时间往下爬行4 m。你就这样来回地爬行，一直爬行到又回到了树的枝头为止。你按我的要求去做，我就饶恕你。"

那么，知木从树的枝头下面24 m处开始，按父亲的要求上上下下来回爬行，需要多少时间才能回到树的枝头？

2 牛奶的量法

一少女去附近的牧场，打算买4l牛奶。偏巧，牧场只有3l和5l的两个量具。对此，牧场主感到很为难，不知怎样做能把4l牛奶量出来。

聪明的少女为牧场主解决了这个问题。

那么请问，你能解决这个问题吗？

哪个杯子里的水更咸?

3

把两种不同含盐量的食盐水分别倒到两个杯子里。

当然,盐都溶解在水中了。

已知倒到A杯里的,是含盐量为10%的食盐水,倒在B杯里的,是把10 g盐放到100 g水中的食盐水。

请问,A和B里的食盐水哪个更咸?

日历中的谜

4

下面画着一张某年某月的日历，在这里有连续的3天，其数字之和恰好等于42。

那么，请回答是哪3天？

SUN	MON	TUE	WED	THU	FRI	SAT
1	2	3	4	5	6	7
8	9	10	11	12	13	14
15	16	17	18	19	20	21
22	23	24	25	26	27	28
29	30					

数学世界探险记

虫蛀数字的计算①

5

翻开存放很久的古书，常常会看到在一些书页上被一种名叫蠹鱼的小虫咬出的窟窿，致使一些文字不见踪影或辨认不清。你见过这样的书吗？

这里所说的虫蛀数字的计算，就是把被小虫咬去或咬坏的数字，通过精巧的计算推断出来。在一些情况下，这是完全可以办到的。

好，那就试一试你推断的能力吧。

```
    1 □ 9 2
    1 2 9 7 □
        9 7 1 1 □
  +     2 □ 1 7
  ─────────────
    1 7 5 9 2
```

```
    □ 8 4 5 6 2
  -   8 □ 1 □ 3
  ─────────────
    6 □ 7 □ 7 □
```

```
            9 7 □
      ×     □ 8
      ─────────
        □ □ □ 0
      9 □ □
      ─────────
      1 7 5 □ 0
```

```
              □ 3
      □ □ ) 9 4 9
          □ □
          ─────
            □ □ 9
            □ □ 9
            ─────
                □
```

把土地分给4人

6

　　这是很早以前的事情。一个老人留下遗言,说自己死后家里的土地和土地中的树木由4个儿子平分。

　　如图所示。这块土地呈正方形,土地中的树木对称地排列着。

　　老人死后,4个儿子分土地时感到很为难,一时想不出合适的分法。那么,你看得怎么分合适?

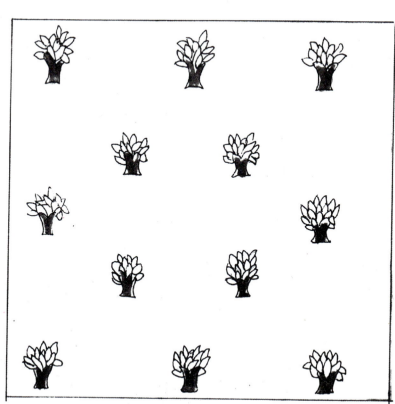

把三角形颠倒过来

7

请准备好10枚硬币,并像右下图那样摆成一个三角形。

如果只允许移动其中的3枚硬币,就使原来的三角形变成如左下图所示的颠倒过来的三角形。那么你能办到吗?

数学世界探险记

到底有多少?

8

① 在这个图中,一共有多少个正方形?无论是大的还是小的,要一个不漏地都数出来。

② 在这个六角形中,一共有多少个三角形?各种大小的三角形都算在内。

③ 在这个图中,一共有多少个正方形?

①
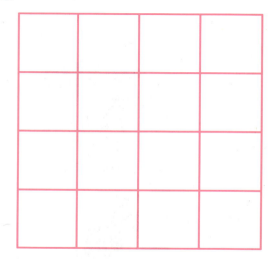

②
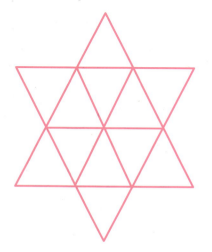

③
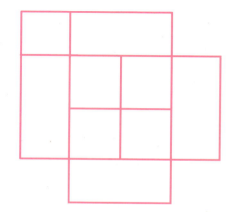

怎样把面饼快点烙出来?

9

玛鲁古力特非常喜欢吃烙饼。经他手烙出来的面饼特别好吃,谁都比不上。

一天,柯库大叔来家作客,玛鲁古力特想烙3张面饼招待老人家。

柯库大叔问:"玛鲁古力特!你烙3张面饼需要多长时间?"

玛鲁古力特回答:"由于每张饼的两面各烙30 s才能烙熟,因此,烙1张饼需要1 min。这样,烙3张饼需要3 min。"

柯库大叔说:"用不了这么多的时间。你的炉灶上不是放着两个平锅吗?如果每张饼的每一面需要烙30 s的话,那么利用两个平锅来烙,我看只需要1分半钟就可以把3张饼烙出来。"

请问,玛鲁古力特需要怎样操作才能只用1分半钟的时间,把3张饼烙出来呢?

算出隐蔽的数

设想有一些数字像奸细似的,用伪装把自己的真面目隐蔽起来。再设想你自己就是捉拿奸细的勇士。如果不管奸细伪装得多么巧妙,你都能认出它,捉到它,那么你就是英雄。

好,祝你旗开得胜,马到成功!

$$
\begin{array}{r}
1ABC57 \\
\times \qquad\qquad 3 \\
\hline
ABC571
\end{array}
$$

安德烈和尼亚的百米赛跑

11

在一个风和日丽的日子里,哥哥安德烈和弟弟尼亚做百米赛跑游戏。

第一次竞赛,安德烈跑到终点时,尼亚距终点还有整整3 m。

第二次竞赛时,安德烈把自己的起跑点向后撤了3 m。如果安德烈和尼亚第二次赛跑时的速度都与第一次相同。那么兄弟二人到底谁先到达终点?

能折叠多少回?

12

准备一张报纸。把这张报纸一次一次地对折起来。请问能折叠多少回?你先想象一下折叠的回数,然后再动手操作一下,看看你想象的回数和实际操作的回数是否相符?

13 美妙的算题

在大约1 200年前的日本平安时代,有一位创作歌曲的姑娘,名字叫小野。由于她容貌出众,因此在当地颇负盛名。

小野姑娘不仅长得漂亮,而且出自她手的算题也很美妙。

请看下面的算题:

123−45−67+89=

123+4−5+67−89=

怎么样?算题里的数字不是从1到9的排列吗?可是,有趣的是这两道题的答案都是100。

现在,请你把加号+和减号−填到下面的□内,使计算出来的结果恰好等于100:

①12□3□4□5□67□8□9=100

②98□76□54□3□21=100

③9□8□76□5□4□3□21=100

数学世界探险记

蛋糕上的蔷薇花

14

一个男孩邀几个小朋友到家来,同他一起过生日。

人到齐后,首先在桌子上摆了一块生日大蛋糕,然后点燃了插在蛋糕上的蜡烛,接着合唱了祝贺生日的歌曲……

在分蛋糕时,男孩的脸上露出了为难的神色。他对妈妈说:"妈妈!蛋糕上有7朵蔷薇花。我想把这块蛋糕切成7块,使每一块上都有一朵蔷薇花。这得怎么切好呢?"妈妈听后笑着回答说:"如果切出来的7块蛋糕大小不限的话,我看切3刀就行了。那么,大家都想想看,怎么下这3刀?"不一会儿,小朋友们都回答上来了。

那么请问,你会切不?

数学世界探险记

猜数

15

开心博士　嘟嘟!请你随便想出一个4位数,然后把4位数中的4个数字加起来。

嘟嘟暗自地说　我想的4位数是4 739。如果把4个数字加起来,那么就有4+7+3+9=23。

开心博士　再从你想出来的4位数中去掉一个数字,使剩下的三个数字按原顺序能成为一个3位数。由此出发,我来猜猜你去掉的那个数字是什么。

嘟嘟暗自地说　这怎么可能呢?我不相信。好,我就照你说的办。我去掉3。

开心博士　再从那个3位数中减去你刚才算出来的4个数的和。

嘟嘟暗自地说　这好算,479-23=456。

开心博士　请把得数告诉我。

嘟　嘟　是456啊,开心博士!

开心博士　那好,我猜你去掉的那个数字是3。

神了!开心博士是怎么猜出来的呢?你知道吗?

袋鼠和鹿的200 m赛跑

16

训练有素的袋鼠和鹿在100 m的直线跑道上做往返赛跑，往返一次是200 m。

现已知袋鼠每跑一步是3 m，而鹿每跑一步是2 m。又知每当袋鼠跑两步时，鹿跑三步。

那么请问，当袋鼠和鹿往返一次时，其结果会怎样？

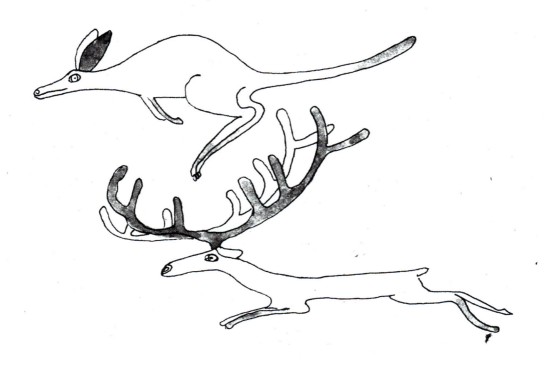

数学世界探险记

用三个9做计算，使其结果等于8

给你三个9。请你想办法在这三个9之间做运算，使运算的结果等于8。

17

9　9　9

一道关于挂钟的趣题

18

当,当,当,……,挂钟敲响了6下。这告诉我们时间已经到6点了。现已知挂钟敲响6下需要6 s。

那么,当时间到12点时,挂钟敲响12下需要几秒钟?

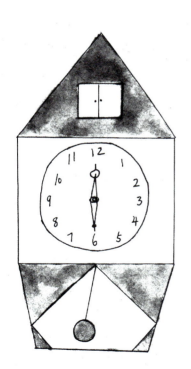

数学世界探险记

长针和短针赛跑

19

在村小学校里,有一座很漂亮的悬挂时钟的塔。

在小学校的对面有一个小文具店。店老板一边看着塔一边想:

"这挂钟的长针一次一次地追过短针。那么,从今天正午到明天正午的24 h内,长针能追过短针多少次呢?"

真有趣!长针和短针在赛跑嘛。

那么,请你把正确的答案告诉文具店的老板吧!

天平上砝码的问题

20

这是一个很简单的问题。希望你很好地考虑一下，做出回答。

现有1g，2g，3g，4g，……，直到100g的砝码各一个。显然，共有砝码100个。

先把1g的砝码放到天平左边的盘子里，把2g的砝码放到天平右边的盘子里。然后把3g的砝码放到天平左边的盘子里，把4g的砝码放到天平右边的盘子里。按此规律，把全部砝码交替地放到天平左、右两边的盘子里。

那么请问，当全部砝码放完时，右边的盘子比左边的盘子质量大吗？大多少？

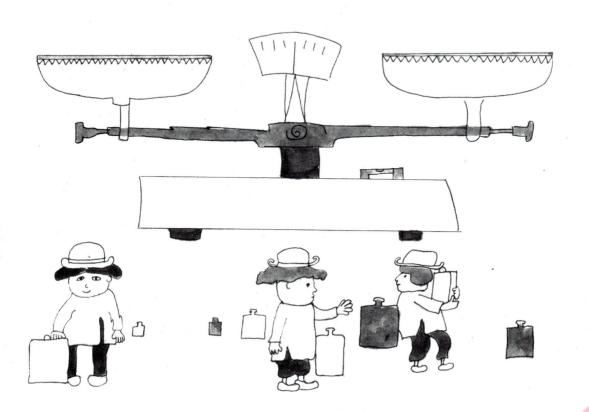

数学世界探险记

三对动物父子过河

21

这是一个荒诞离奇的故事。一只雄性大狮子，一只雄性大老虎和一只雄性大豹各带着自己的一个小儿子来到河边想要过河。偏巧，河边只有一只能容下两只动物乘坐的小船。当然，这六只野兽各个都会划船；并且，只要它们还没有全部过到对岸去，那么，划到对岸的小船还要给划回来。不过，这里有一个为难的事，那就是：对三个小家伙来说，无论它们当中的哪一个，只要自己的爸爸不在身边，那么它就要被在场的其他大兽吃掉。

在上述的情况下，请你想一想，这三对动物父子要想安全地划船过河，得做怎样的安排？

22 虫蛀数字的计算②

```
    2 1 5 7
    □ □ □ □
  + 1 6 2 5
  ─────────
  1 0 3 4 2
```

```
        □ 2 □
      ┌───────
    8 │ 3 □ 2 4
```

```
      □ □ 7 □ 4 □
  ×             7
  ─────────────
    1 □ 2 □ 8 □ 1
```

```
              □ 7 4
          ┌─────────
    3 1 □ │ □ □ 6 □ □
            6 3 □
          ─────────
            □ □ 8 □
            □ □ □ □
          ─────────
              □ □ □ □
              □ □ □ □
          ─────────
                □ 1 8
```

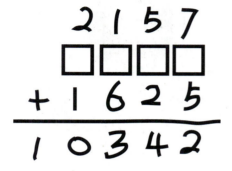

23

划拳与花纸

姐姐米卡和妹妹丽卡玩划拳。妹妹对姐姐说:"如果我赢了,你给我8张花纸。"

姐姐对妹妹说:"行啊。如果我赢了,你给我5张花纸就行了。"

就这样,姐妹两人按照约定的条件玩了起来。花纸是爸爸送给的礼物,特别好看,姐妹俩都非常喜欢。由于两人谁都不甘心输掉自己手中的花纸。因此,她们就一次又一次地划拳。当划拳划到第26次完毕时,姐妹俩一看自己手中的花纸的数量,恰好是不输不赢。于是,划拳游戏就此结束。

请你回答,在这26次的划拳中,姐姐米卡和妹妹丽卡各输了多少次?

数学世界探险记

剪细绳

24

准备一条细绳。把这条细绳对折起来。接下来再对折一次。这时,用剪刀从中间剪断。那么请问,剪断后的细绳共有几段?

究竟驮了多少瓶葡萄酒？

25

这是从古印度流传下来的一个水平较高的问题。

一头公驴和一头母驴驮着葡萄酒在路上行走。走着走着，母驴便发起了一阵牢骚。它对公驴说："唉呀，太沉啦！这样走下去非把我压垮不可。我到底驮了多少瓶酒？"公驴回答说："你问你究竟驮了多少瓶酒吗？好，我来告诉你。如果从你驮的酒中拿出一瓶给我，那么我驮酒的瓶数是你驮酒的瓶数的二倍；如果从我驮的酒中拿出一瓶给你，那么你和我驮酒的瓶数恰好相等。"

根据公驴的回答，你能算出公驴和母驴各驮多少瓶葡萄酒吗？

利用直线作曲线

26

你们说曲线和直线哪个好画？当然，如果有直尺，那么画直线简单。如果用圆规，那么画圆也容易。可是，像第35页的那条曲线，你能用什么办法把它准确地画出来？

告诉你，这条曲线通过画直线就可以画出来。现在做给你看。

把横轴上的刻度1和纵轴上的刻度1用直线连接起来。然后把横轴上的刻度2和纵轴上的刻度2用直线连接起来。接下去再把3和3，4和4，……分别用直线连接起来。

这样，那条曲线就画出来了。

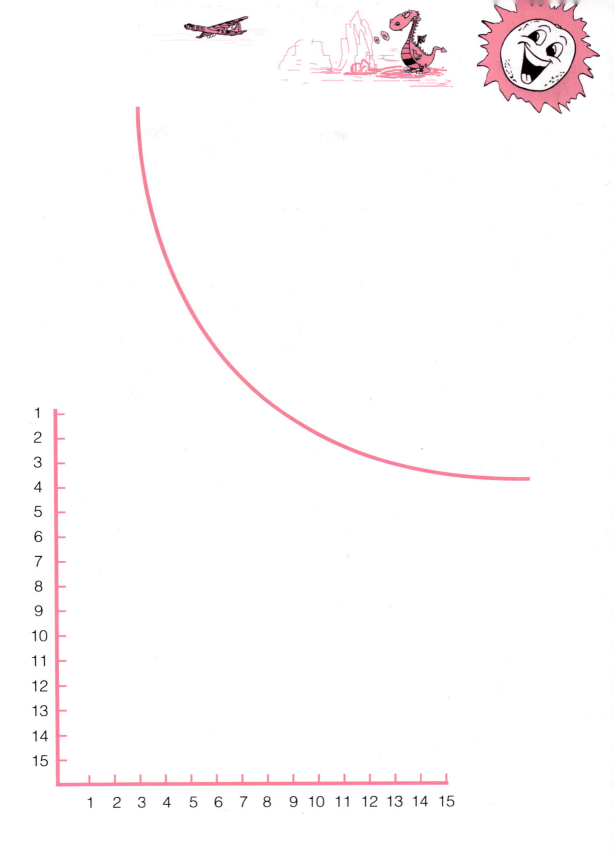

9条线怎么变成了8条？

27

在一张长方形的纸上，按同样的间隔画出如左下图所示的9条直线。然后用剪刀把这张纸沿着对角线剪成两块。

这时，如果把剪开后所得到的右边那块纸，像右下图所示的那样向上移动一个间隔。那么原来的9条直线就神奇般地变成了8条直线。请问，那一条直线消失到哪里去了？

奇怪，消失了一个人！

28

有6个男人的脸谱像上图那样排成一排。现在沿着上图中画的横线剪开，然后把剪出来的下边那部分像下图所示的那样向右移动。于是，原来的6个脸谱就变成5个脸谱了。那么，那个脸谱消失到哪里去了？

请你自己实际地做做看。

数学世界探险记

发现了新星!

29

一个大天文学家发现了一颗新星。下面的这张图画出了这颗新星所在太空的一部分。在这里,有大大小小的15颗星熠熠闪烁。

现在,想请你把这颗新星给画出来。告诉你,这颗新星比那15颗星中的任何一颗都大。并且画出来以后,它与那15颗星中的任何一颗都不沾边。那么,你能把这颗五角形的新星画出来吗?

4个人骑3匹马旅行

30

这个问题出自大约300年前日本江户年代的一本算术书。

4个人结伴旅行要走60 km的路。如果每个人各骑一匹马走,那当然会很舒适。可是,偏巧,4个人只有3匹马。

如果在整个60 km的旅程中,限定每匹马自始至终都要有一个人骑着,并且每个人骑马所走的路程都相等,那么得怎样来安排?

数学世界探险记

搭救国王和公主

31

吉扬是一个智勇双全的少年。

有一天,邻国的军队来犯,攻占了吉扬祖国的国都。战火使这座城市颓垣断壁,呈现一片悲凉的景象。国王和10岁的公主玛丽也被敌人掳去,关押在群山深处的一座古塔中。

吉扬看到养育自己的祖国面临灭亡的危险,心如刀绞,义愤填膺。他发誓要救出国王和公主,帮助他们拯救这个蒙难的国家。

吉扬满身豪气,只身入山。当他看到在一个险峻的山顶上耸立着的那座高塔时,马上料想到那里就是关押国王和公主的地方。仔细望去,塔上的小窗依稀可见。

吉扬正在向前走着,突然被从山的豁口处一哄而出的敌兵抓获,并被押送到一个黑暗的石屋中。吉扬万万没想到,原来这就是高塔尖上关押国王和公主的场所。

吉扬又惊又喜地对国王和公主说:"请不要悲观失望,我是来搭救你们的。"

说完,吉扬急忙爬到屋顶的隐蔽处。在那里,他发现了两个筐和一根长绳,还发现了一个旧石臼和一个滑轮。

吉扬把自己的发现告诉了国王和公主。并对他们说:

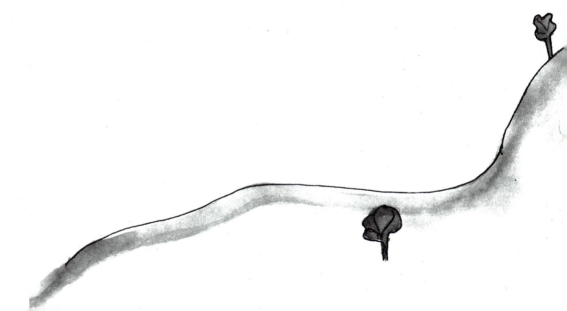

"尊敬的国王和公主!因为你们现在的身体都很虚弱,所以,不能让你们抓着绳子下到塔底。我利用筐、长绳、滑轮和石臼把你们连同我都送到塔下。"

说完,吉扬立刻把滑轮牢牢地安在窗户的一根铁棒上。接着,麻利地把两个筐分别拴在绳子的两头,并把绳子搭在滑轮上。这时,吉扬又对国王和公主说:"利用滑轮起降,拴在绳子两头的筐所载质量之差不能超过10 kg。否则,当筐落地时,筐里的人就容易被摔伤。因此,请把你们各自的体重告诉我。"

国王用微弱的声音回答说:"我的体重是90 kg,公主的体重是40 kg。"

吉扬听后,心里说:"我自己的体重是50 kg,石臼的质量也是知道的,是30 kg。"这时,心中感到没底的公主问吉扬:"我们能顺利地逃出去吗?"

吉扬胸有成竹地说:"请放心,我们一定会成功!"

那么请问,利用吉扬的这套设置,得怎样做才能使国王、公主和吉扬三个人安全顺利地回到地面呢?

哪月出生，现年几岁？

32

关于年龄的难题很多。下面要做的这个游戏，是其中比较出色的一个。

猜年龄的问题，是大家都会感到有兴趣的问题。如果既能猜年龄又能猜出出生的月份，那不更是令人感到高兴的吗！

开心博士　嘟嘟，请你用2去乘你出生的月份，然后再加上5。

嘟嘟暗自地说　我是12月份出生的，因此，12×2+5=29。

开心博士　再用50去乘你算出来的数。

嘟嘟暗自地说　还要乘50，真麻烦。好，我就照你说的去做，29×50=1 450。

开心博士　再把你的年龄加到你算出来的数上去。

嘟嘟暗自地说　我今年10岁，因此，1 450+10=1 460。

开心博士　从你算出来的数中再减去250，然后把得数告诉我。

嘟嘟暗自地说　1 460-250=1 210。我把这个得数告诉你，你又能怎么样？

嘟　嘟　得数是1 210，开心博士。

开心博士　你是12月份出生的，现年10岁。

(嘟嘟很惊讶！)

开心博士　不管是谁的出生月份和年龄，保证一猜就对。至于为什么嘛，这得用数学来考虑。哈哈哈哈……

33 虫蛀数字的计算③

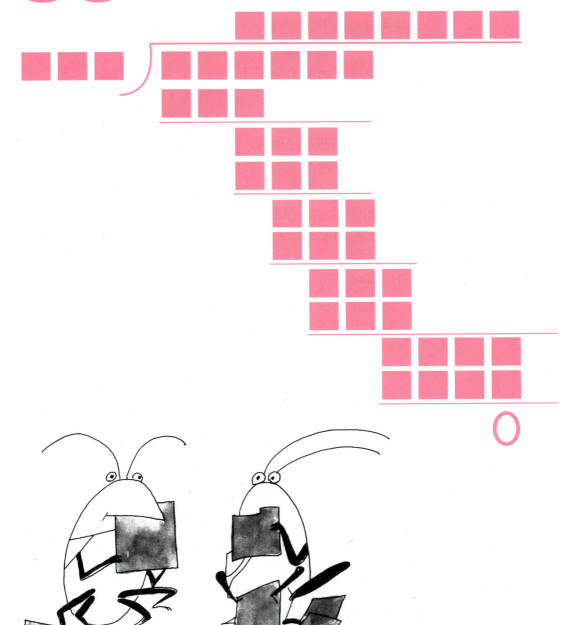

数学世界探险记

为防盗而架设铁丝网

34

A，B，C，D四人在竹林的四周各建一所老式房屋。住在这里侍弄竹林，看护竹林。这四个人和睦相处，彼此关系很好。每逢春季，他们都从竹林里收获好多竹笋，并公平合理地把竹笋分到四家。

后来，在竹林的周围又新搬来1，2，3，4四家(其图在45页)。对此，A，B，C，D四人心里都感到不安，担心竹林里的竹笋被别人偷去。一天，这四个好朋友不约而同地聚到一起议论起来：

"竹林的竹笋是我们的，不能让别人偷去。"

"说的对。为了防盗，我们要用铁丝网把我们四家连同竹林子都围起来。"

"好主意，就这么办。可是，究竟按什么线路架设铁丝网好呢？"

这四个人并不是坏心眼的人。他们要架设铁丝网只是为了防盗。那么请你想一想，他们按什么线路架设铁丝网好呢？

数学世界探险记

究竟哪个大？

35

有一个△ABC（不一定是正三角形）。请你像下图所示的那样，把BA的 $\frac{2}{3}$ 处和BC的 $\frac{2}{3}$ 处用直线联结起来。那么请回答，在△ABC内画斜线的三角形和没画斜线的四边形，哪个面积大？

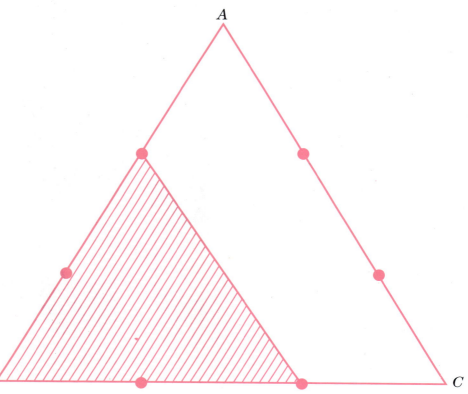

玻璃杯中的细胞分裂

36

你知道细胞分裂吗?无论是植物还是动物,都是由数不胜数的细胞组成的。正是由于细胞接连不断地分裂、增多,我们才能眼见青草啊,鸟儿啊,很快地长起来。

当然也有个别的。像变形虫就是仅由一个细胞组成的动物。由于它很小很小,因此,我们只能在显微镜下看到它。

现在假设有这样一种细胞。它每经过 1 min 的时间就由一个分裂成两个。再假设把一个这样的细胞放到杯里,经过 1 h 后分裂出的细胞恰好装满一杯。下面请考虑:如果一开始把两个这样的细胞放到杯里,那么需要多少时间才能使分裂出的细胞也恰好装满一杯?

找出质量小的小球

37

现在已经知道在8个质量完全相同的小球中,又混进去一个质量小的小球。由于这9个小球的大小和颜色没有任何差别,因此,光凭眼睛看不能把混进去的那个小球识别出来。

幸好这里有一架天平,可以用来称小球的质量。如果限定你至多使用两次天平就要把那个质量小的小球找出来,那么你能办到吗?

避开由你消最后一个点

38

这是两个人做的游戏。在黑板上或纸上画20个点。两人轮流每次消去一个点或两个点或三个点,不能多于三个点。如果末了轮到谁消最后的一个点,那么谁就是输家。

做这个游戏有绝对取胜的方法。请你玩玩看,并在玩的过程中去发现它。

数学世界探险记

分11头大象

39

一位老先生在临死前给三个儿子留下了这样的遗嘱：

"我死后，把我精心饲养的11头大象，按下面的办法分给你们。11头大象的 $\frac{1}{2}$ 分给老大，11头大象的 $\frac{1}{4}$ 分给老二，11头大象的 $\frac{1}{6}$ 分给老三。另外，我死后，你们要特别爱惜大象，不能轻易宰杀它们。大象是你们过日子的好帮手啊！"

我们可以算出，11头大象的 $\frac{1}{2}$ 是5.5头，11头大象的 $\frac{1}{4}$ 是2.75头，11头大象的 $\frac{1}{6}$ 是 $1.8\dot{3}$ 头。计算的结果都不是整数。正因为这样，所以老人死后三个儿子分大象时犯难了。正在大家一筹莫展之际，老三摩亚别出心裁地从邻居家借来了一头大象。摩亚对哥哥们说：

"把这头大象放到11头大象里面去，不就好分了吗？"

这时，老二责备弟弟说：

"真是乱弹琴!这么做不是要把人家的大象也分掉吗?"摩亚对二哥的话不以为然。他接着说:

"把借来的这头大象加进去,我们总共就有了12头大象。这样,按父亲的遗嘱,大哥应分得大象总数的$\frac{1}{2}$,那就是6头,二哥应分得总数的$\frac{1}{4}$,那就是3头,……"

这时,平时老实巴交的老大也耐不住了。他铁青着脸气呼呼地打断摩亚的话说:

"你是不是有点发神经了!方才你二哥不是说了吗,这么做是要把别人的大象分掉的。"

摩亚对大哥的话仍然不以为然。他接着自己上面的话茬继续说:"我呢,我应分得总数的$\frac{1}{6}$,那就是2头。现在你们该知道了吧,6头加3头再加2头,我们分掉的是11头。这样,我们借来的大象不就可以还给人家了吗?"

摩亚的想法真是不可思议。亲爱的读者,你看用摩亚的办法去分大象行吗?

100棵苹果树结多少个苹果?

40

果园中有100棵苹果树,按树高从小到大排列着。

巧得很,这100棵树所结的苹果,按树高从小到大的次序,依次为2个,4个,6个,8个,10个,……,196个,198个,200个。总之,每后一棵树都比与它相邻的前一棵树多结两个苹果。

那么,在这100棵苹果树上一共结多少个苹果呢?

对此,果园主人只用一眨眼的功夫就解决了。那么请问,怎样做才能很快地算出这个总数呢?

把4只汽艇开到对岸去

41

在大河这面的岸边,用缆绳拴着红蓝白绿4只汽艇。已知把红艇开到对岸需要1 min,把蓝艇开到对岸需要2 min,把白艇开到对岸需要4 min,把绿艇开到对岸需要8 min。

现在要把这4只汽艇全部开到对岸去。为此,做如下约定:

操纵汽艇的只限一人,一次可以开一只汽艇,也可以开两只汽艇(一只拴在另一只上)。不过在后一种情况下,过河的时间要按慢的算。例如,如果是红绿二艇一起开,那么过河所需要的时间是8 min。当然,操纵汽艇的人由对岸回来取艇时仍需乘坐汽艇。

如果按此约定让你用16 min的时间把4只汽艇都送到对岸去,大概很容易办到。但是,如果只给你15 min的时间,你能办到吗?

数学世界探险记

两个旅行者和一只狗

42

约翰和鲍鲁结伴旅行,并在身边带着一只狗。

一天,他们在旅店过夜。第二天天刚亮就起来赶路。

现已知约翰走路的速度是每小时3 km,鲍鲁走路的速度是每小时6 km,狗走路的速度是每小时10 km。由于约翰走的慢,因此他先出发上路。1 h以后,鲍鲁和狗同时出发去追赶约翰。

在这个追赶过程中,时速为10 km的狗先追上约翰。可是,它追上约翰后并没继续往前走,而是马上调过头往回走接鲍鲁。当它走到鲍鲁那儿时,又调头去追赶约翰。就这样,狗在鲍鲁和约翰之间走来走去,一直到鲍鲁追上约翰时为止。

请考虑,在整个鲍鲁追赶约翰的过程中,狗走了多少千米?

七巧板

43

这个图形游戏大约在 4 000 年前的古代就有了。它是根据古埃及的一个坟墓的图样考虑出来的。

如图所示，在长 10 cm，宽 8 cm 的厚纸板里，画着一些面积为 4 cm² 的正方形。用剪刀沿着粗线把纸板剪开，可得 7 块图板。如果把这 7 块图板按不同的方式组合起来，就可以得到各种各样的图形。

你能组合成图①吗？这是一头狮子。你能组合成图②和图③吗？它们分别是十字架和猫。

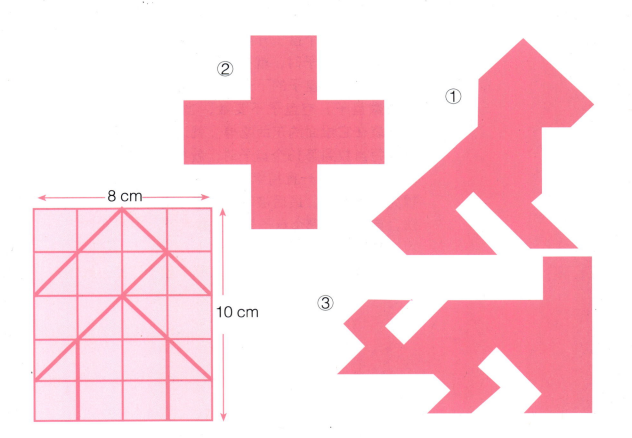

野狗的美梦

44

寒风依然吹着大地，离和暖温馨的春天还很遥远。

一只野狗在桥下睡着了。它饥肠辘辘，无家可归，十分可怜。野狗睡在那里，还轻轻地抽动着鼻子，微微地摇动着尾巴。原来它做了一个梦，一个使它感到非常快乐的梦。在梦中，它看到在自己的周围摆了一圈盘子，数了数一共13个(如第57页图)，里面都装着好吃的东西，其中的一个盘子里装着美味的方糕。它一边看着这些美味佳肴，一边自言自语：

"这么多好吃的东西，我从哪一盘开始享用呢？从鸡大腿开始？要不从油炸丸子开始……唉，还是这么办吧：我从某一个盘子开始，按顺时针方向去数盘子，当数到第13个盘子时，就把装在它里面的东西吃掉。接下来，从这个空盘子的下一个盘子开始，仍然按顺时针方向去数盘子，空盘子不要数，当数到第13个盘子时，也把装在它里面的东西吃掉。就这样一回一回地去数盘子，每当数到第13个盘子时，就把装在它里面的东西吃掉，这个吃法一直持续到13个盘子里的东西全部被吃掉为止。不过，最后被吃掉的必须是方糕。按这样的吃法，首先得从哪个盘子开始去数呢？"

野狗在梦中思考着，……

那么，你看野狗首先得从哪个盘子开始去数呢？

梵塔问题

45

这是从上古时代流传下来的关于"梵塔"的问题。

如图所示,在一块水平放着的平板上,垂直地插着3根柱。在左边柱上,套着若干块大小各不相同的圆盘,并按从下到上的顺序一个比一个小地摞着。

现在想把左边柱上的圆盘全部移到右边柱上去,并且移过去的圆盘要保持原来上下的次序。移的时候,要按下面的约定来做:圆盘只能一块一块地移,可以用中间的那根柱做过渡。但在移动中,绝不允许出现把大圆盘摞在小圆盘上面的情况。

请考虑,如果当初套在左边柱上的圆盘是3块和4块,那么按约定的条件,各需要移动多少次才能把它们全部移到右边柱上去?

出自一个少女之手的算题

46

在某个国家里有一个美丽的少女。许多年轻小伙子为了亲自目睹她的芳容,接连不断地来到她居住的小城。可是,少女却想方设法躲避起来不露面,使得小伙子们乘兴而来,败兴而去。

后来少女出了一道算题,并许诺:"如果哪个小伙子首先解出这道题,我就同他结为夫妻。"题目是:用3乘上我三年后的年龄,再减去用3乘上我三年前的年龄,恰好等于我现在的年龄。那么我现在的年龄是多少?

罗伯特　我来提示一下,这类题在第七册里出现过。把少女的年龄装到盒子里,建立式子看。

数学世界探险记

赴约

47

约翰和米丽每到星期日都在教堂会面。今天又是星期日,按上次会面时的约定,两人要在9时零5分到教堂门前准时会面。

米丽确信自己的表快25 min,实际上她并不知道自己的表慢5 min。约翰确信自己的表慢10 min,实际上他也并不知道自己的表快5 min。

就这样,两人都按约定的时间来到了教堂的门前。那么,结果会出现什么情况呢?

落难人与饼干

48

一艘船在暴风雨中不幸遇难。三个男性旅客在海上百般挣扎，好不容易游上了一个无人岛。值得庆幸的是，他们的身边还带着一个里面装着一些饼干的防水袋子。

三人上岛后，由于身体过度疲劳，因此，顿时酣然入睡。睡着睡着，其中的一人饥肠辘辘，首先饿醒了。醒后，他吃掉了袋中全部饼干的 $\frac{1}{3}$，接着又睡了过去。

不一会儿，另一个人也饿醒了。醒后，他也吃掉了袋中现有全部饼干的 $\frac{1}{3}$，接着也睡了过去。

又一会儿，第三个人也饿醒了。醒后，他和前二人一样，也吃掉袋中现有全部饼干的 $\frac{1}{3}$ 而后又睡了过去。

就这样三人吃过后，袋中还剩下8块饼干。

那么请问，三人刚上岛时袋中有多少块饼干！

萨　沙　三个人都只吃掉自己所见到的全部饼干的 $\frac{1}{3}$。他们是多么诚实的人啊！

罗伯特　由于三个人吃过后，袋中还剩下8块饼干。因此，这8块饼干就占第二个人吃了以后袋中所剩饼干的 $\frac{2}{3}$。抓住这个关键，……

胖噜噜　只要抓住这个，问题就简单了。

数学世界探险记

在火车上睡觉所产生的问题

49

安德烈和妹妹米丽娅乘火车赶路。正当火车行驶到全程的一半时米丽娅睡着了。米丽娅刚醒来就问安德烈,在她睡觉期间火车走了多远?安德烈回答说:"从你醒来的时候起,到火车抵达终点的时候止,火车在这期间行驶的路程,恰好等于在你睡觉期间行驶的路程的一半。"

好,现在请你给算一下,在米丽娅睡觉期间,火车行驶的路程是全程的几分之一?

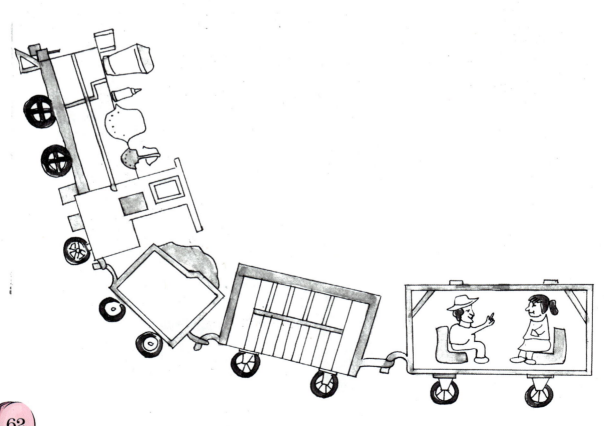

鸭子和鸭蛋

50

把鸭子的半面阴影像剪成三部分。然后再把这三部分拼合到一起，使它成为一个大鸭蛋。这得怎么剪呢？

请亲自动手剪剪看。

面积怎么变了?

51

沿着下图所画的正方形里的线,把正方形剪成①、②、③、④四部分。然后,把它们拼成像下图那样的长方形。

由于这个长方形是由剪正方形所得的四部分拼成的。因此,它的面积应该与正方形的面积相等。

可是,奇怪得很,8×8 怎么变成 13×5 了呢?

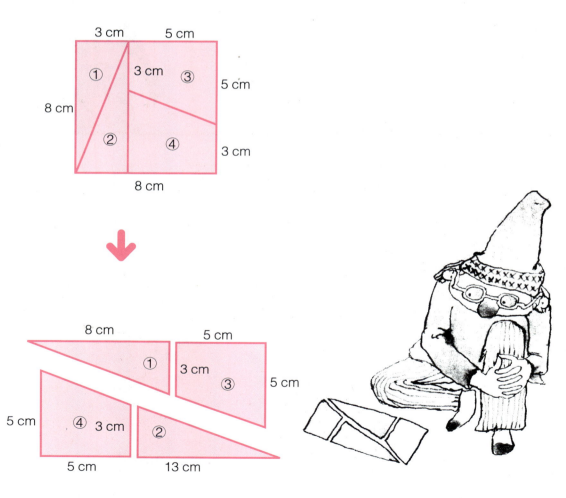

27枚金币

52

汤姆拿着好不容易积攒起来的27枚金币，到银行去储蓄。当他被告知在这27枚金币中肯定混入一枚假金币时，心中感到非常沮丧。汤姆自己分辨不出哪一枚是假的。因为从外表上看，这27枚金币完全一样。

为了弄清这件事，汤姆回家后，从邻居家借来一架天平，想通过称质量的方法，把这枚假金币找出来。那么请考虑，汤姆怎样称才能很快地把这枚假金币找出来？

侦查制做假银币的人！

53

从前，在印度的一个小镇上，出现一个制做假银币的人。他制做的假银币，从外表上看，与真银币没什么两样，只是每枚的质量比真的少5 g。真银币每枚的质量是50 g。

一天，制做假银币的人带着一口袋假银币，企图在与他不相识的人之间使用。小镇的首领得到这一情报后，很快捉来8个可疑的人，并且在这8个人中肯定有制做假银币的人。首领为了查出在他们当中究竟谁是制做假银币的人，严厉地命令他们说："你们每个人都从自己的钱口袋里拿出10枚银币来！"由于假银币比真银币的质量每枚少5 g。因此，谁的银币质量少，谁就是假银币的制做者。

首领让手下人拿出来一台秤。这是一台很精密的秤。它既能称很小的质量，又能称很大的质量。可是，偏巧这台秤发生了故障。现在用它还只能称一次东西。面对这一情况，首领感到困惑。心想，只称一次能查出制做假银币的罪犯吗？那么，谁来为首领想出一个好主意吧！

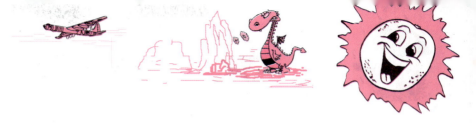

巫婆的骗人鬼话

54

请看下页的左上图。一个巫婆把一个四边形(这样的四边形叫做不等边四边形)分成5部分。

只听巫婆阴阳怪气地说：

"请你把分割出来的这5部分分别拼成如下的6个图形。首先拼成一个十字形，其次拼成一个正方形，再其次拼成一个平行四边形，接下来拼成一个长方形，再接下来拼成一个直角三角形，最后再还原成当初的不等边四边形。如果这6个图形你都能拼出来，那么你死后就不会下地狱而上天堂。"

我们在不等边四边形的旁边画了5个拼图的形状，但没考虑图形的大小，以此供你参考。你可以把不等边四边形画在一张厚纸板上，然后按照图示把它分割出5部分，……

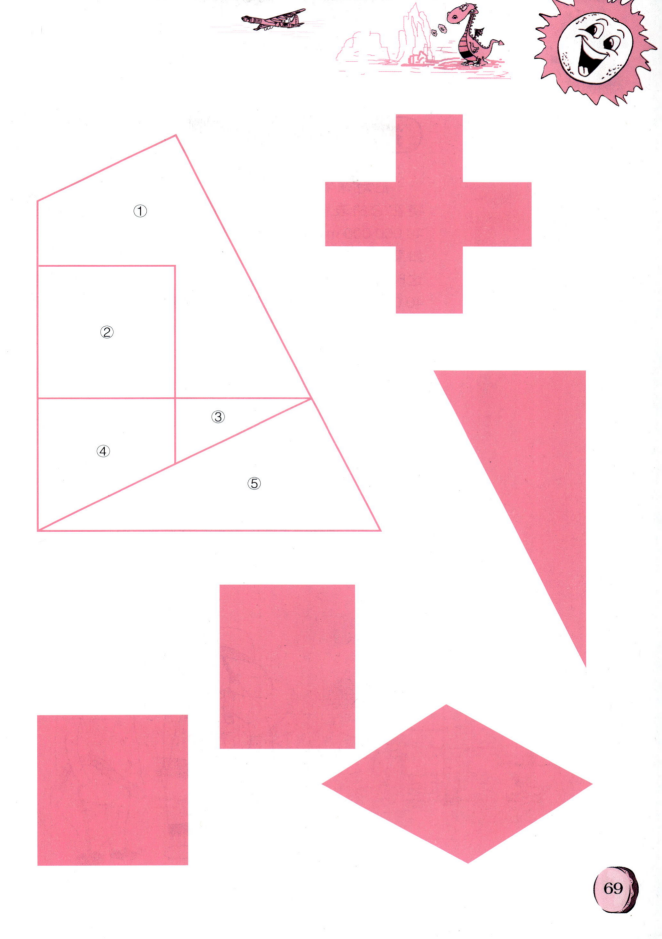

把钢丝缠绕在地球上

55

把地球看做一个大圆球,并把钢丝紧紧地缠绕在它的表面的大圆上。由于这个大圆的周长是 40 000 000 m,因此,钢丝长也应该是 40 000 000 m。如果在钢丝的某一处断开,那么开口会扩大成 1 m 长。这时,很显然,钢丝的长度和开口的长度加起来是 40 000 001 m。请参看下面的图示来回答:钢丝被切开后,钢丝与地球表面之间所出现的间隔有多大?

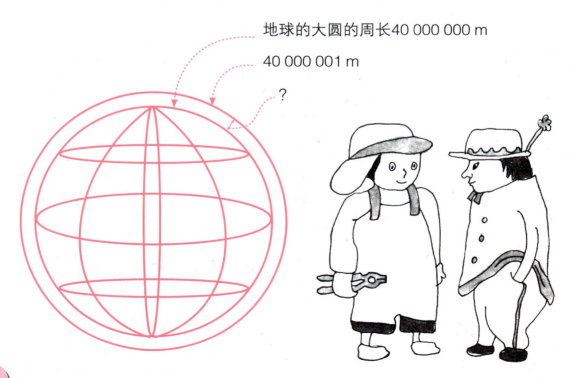

问候600次"早安!"

56

米丽娅所在那个班的全体同学都很有礼貌,每天早晨上学同学一见面,都互相问候一声"早安!"

据某一天早晨的统计,这个班的同学之间总共问候了600次"早安!"那么请回答,这个班一共有多少名同学?

当然喽,每个人都向除自己以外的所有同学各问候一次"早安!"

用金条做酬谢的礼品

第1天 切下1 cm，拿走。(1 cm)

第2天 在剩下的金条上切下2 cm拿走，把昨天拿走的1 cm送回来。(2 cm)

第3天 把昨天送回来的1 cm拿走。(2 cm+1 cm=3 cm)

第4天 把剩下的4 cm拿走，把拿走的3 cm送回来。(4 cm)

第5天 把昨天送回来的1 cm拿走。(4 cm+1 cm=5 cm)

第6天 把前天送回来的2 cm拿走，把昨天拿走的1 cm送回来。(4 cm+1 cm+2 cm−1 cm=6 cm)

第7天 把昨天送回来的1 cm拿走。

就这样，伊万按主人规定的条件，把事情圆满地办成了。真棒，伊万！

从这页开始，后面将按序给出各题的答案。

1. 淘气的小蜘蛛

对于这个问题，你也许会这样来考虑：由于用30 min的时间上升5 m，接着又用30 min的时间下降4 m。因此，经过1 h的时间恰好上升1 m。所以，由

$$24 \text{ m} \div 1 \text{ m} = 24$$

得知，小蜘蛛需用24 h的时间才能回到树的枝头。但是，仔细一想，这个解答是不能令人满意的。事实上，由于小蜘蛛经过19 h的上下来回的爬动，已经上升了19 m，并且在19 h中的最后30 min，爬动方向是向下的。因此，接着再用30 min的时间，小蜘蛛便可以上升到树的枝头。所以，正确的答案应该是：小蜘蛛需用19 h 30 min的时间便可回到树的枝头。

2. 牛奶的量法

● 用一下少女带来的装奶铁桶。我们用A代表5 l的量桶，用B代表3 l的量桶。

① 把5 l牛奶装到A里。
② 把A中的牛奶倒到B里3 l，A中还剩2 l牛奶。
③ 把A中剩下的2 l牛奶倒入铁桶。
④ 把上面的做法再重复一遍。这样就把4 l牛奶量出来了。

● 不用少女带来的铁桶。

我们仍然用A代表5 l的量桶，用B代表3 l的量桶。

① 把5 l牛奶装到A里。
② 把A中的牛奶倒到B里3 l，A中还剩2 l牛奶。
③ 把B中的3 l牛奶倒回原来贮放牛奶的大桶。
④ 把A中剩下的2 l牛奶倒到B里。
⑤ 再把5 l牛奶倒到A里。
⑥ 把A中的牛奶往B里倒，直到把B装满为止。这时，A中剩下的牛奶刚好是4 l。

数学世界探险记

3 哪个杯子里的水更咸？

当然是水杯A里的水更咸，而绝不是水杯A和水杯B里的水一样咸。其理由是：

所谓含盐量为10%的食盐水，就是把10 g的食盐溶到90 g水中的食盐水。这也就是说，如果在100 g食盐水中含10 g食盐的话，那么，这样的食盐水就是含盐量为10%的食盐水。用式子来表示

$$\frac{10}{90+10}=\frac{10}{100}=10\%$$

同理，对于水杯B中的情况，如果用式子来表示，那么就是

$$\frac{10}{100+10}=\frac{10}{110}\approx 9.1\%$$

这表明，水杯B中装的是含盐量约为9.1%的食盐水。

4 日历中的谜

这个题不要这样去做：从1开始，递次地把连续的3个数加到一起，看其结果是否等于42。

那么，怎么做好呢？告诉你一个简捷的做法：用3除42，得14。这样，13，14，15就是所求的3个数字。为什么？因为13比14少1，15比14多1。所以，13+14+15与14×3是相等的。

5 虫蛀数字的计算①

解决这样问题的趣味就在于通过推理弄清被蠹鱼吃掉的数字究竟是什么数字。这样，你在解决问题的过程中，常常会怀着侦察员所具有的那种心情，去做各种各样的判断。一旦问题得到解决，你会感到非常愉快。

下面，大致看一下探险队对这个问题所做的解答。

　　萨　沙　首先看个位。把已知的3个个位数加到一起，则有2+1+7=10。这个数的个位数是0。由于答案上的个位上的数是2，因此，应把2填到个位上的□中。

　　米丽娅　其次看十位数。把已知的3个十位数加到一起，则有9+1+1=11。这时，再把计算4个个位数之和时应进到十位上的1加进来，则有11+1=12。由于答案上的十位上的数是9，因此，应把7填到十位上的□中。

　　罗伯特　最后看百位数。在百位上被虫吃掉两个数字。把百位上的两个已知数加到一起，则有9+7=16。这时，再把应进到百位上来的数1加进来，则有16+1=17。由于答案上的百位上的数是5，因此，百位上的□+□=8就行了。例如，$\boxed{1}+\boxed{7}=8$，$\boxed{2}+\boxed{6}=8$，$\boxed{4}+\boxed{4}=8$，……

　　开心博士　请注意，除考虑□+□=8之外，还要考虑□+□等于两位数的情况。究竟是不是两位数，这要根据高位上的数而定。

　　罗伯特　1+2+9+2=14。一看答案上的数字便知，高位上的数是17。因此，得从百位进上来3才行，即
$$□+9+7+□+1=35$$

　　米丽娅　由此看来，应该是□+□=18。

　　罗伯特　填到□中的数字应在0到9之中选择。不难看出，两个□中都必须填9，即
$$\boxed{9}+\boxed{9}=18$$
到此为止，全部□都求出来了。

　　开心博士　做的很不错嘛。自己设法填补被虫吃掉的数字，是十分有趣的事情。这里只做了一道题。其余3个问题的答案就不写了。你们自己做时一定要用心。做

数学世界探险记

出的结果是否对,自己验算一下就清楚了。不要贪多,一天做一个题就行了。

6 把土地分给4人

这是对一个对称图形的等分。像下面的图示那样,首先把中间的4棵树等分了。然后,再像下面图示那样画线。这样,就可以兑现老人的遗嘱了。画出的线呈卐字形。

 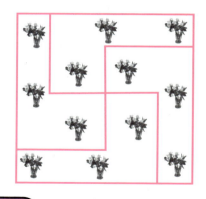

7 把三角形颠倒过来

像箭头指示的那样,把3枚硬币移到画虚线的地方就行了。

 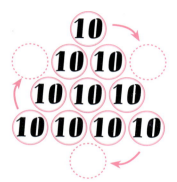

到底有多少？

① 总共有30个大小不同的正方形。

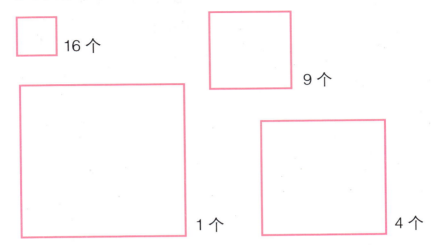

16个
9个
1个
4个

② 总共有20个大小不同的三角形。

12个
2个
6个

③ 总共有11个大小不同的正方形。

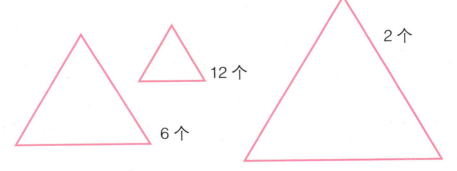

5个
5个
1个

数学世界探险记

怎样把面饼快点烙出来?

9

设3张面饼的一面为A，B，C，另一面依次为A′，B′，C′。正如下图所表示的那样:
① 在开头的30 s，烙A和B面。
② 在接下去的30 s，烙C和B′面。
③ 在最后的30 s，烙C′和A′面。

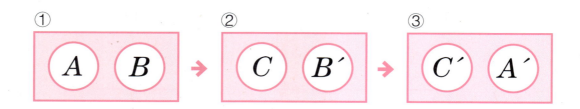

算出隐蔽的数

10

　　首先填补百位上的数。已知答案的百位上的数是5。由于加上从十位进上来的1才成为5，因此，C×3的个位上的数是4。由九九表知，三八二十四。所以，C应该是8。剩下的推理判断，请你自己去做吧!

```
  1 A B 8 5 7
×           3
  A B 8 5 7 1
```

安德烈和尼亚的百米赛跑

11

由于安德烈跑完100 m时，尼亚跑完97 m。因此，兄弟二人在第二次赛跑时，应在终点前的3 m处并肩。那么，剩下的3 m谁先跑完呢？由于安德烈的速度大于尼亚的速度，因此，安德烈先跑到终点。为了把问题弄的更清楚，下面做出详细的解答。由于安德烈跑完最后3 m时，尼亚只能跑完3 m的97%，因此，当安德烈跑完最后3 m时，尼亚只跑完最后3 m中的3 m×0.97=2.91 m。由此可见，第二次赛跑的结果，尼亚落后9 cm，安德烈取胜。

能折叠多少回？

12

臆想出的情况有时是靠不住的。1张报纸顶多能折叠7回，想折叠8回是办不到的。即使用的是2倍于报纸那么大的又薄又软的纸，要折叠10回也是不可能的。为什么会这样呢？这是因为把1张纸折叠1回就成2张，折叠2回就成4张，折叠3回就成8张，……。总之，每折叠1回，纸的张数都要较前增加1倍。

由此可知，如果折叠7回，那么原来的1张就成为128张。况且，每折叠1回，纸的大小还要缩小。所以，实际折叠的回数常常没有臆想的那么多。

13　美妙的算题

这里只给出一道题的答案。其余各题的答案，请你自己考虑。

① 12+3−4+5+67+8+9=100。

14　蛋糕上的蔷薇花

像下图所指示的那样，沿着3条直线切3刀就行了。

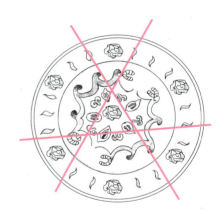

15　猜数

大家都对开心博士能够那么顺利地猜出去掉的那个数字感到惊讶。之所以这样，是因为大家还不知道其中的奥秘。一旦知道了奥秘所在，问题就变得十分简单了。

大家都看到了，开心博士是根据嘟嘟告诉的那个数(456)才做出解答的。

现在请用9去除456，看看会出现什么情况。

除的结果得50余6。好，问题马上就可以得到解决。那么请想想看，这个余数6加上一个什么数得9呢？这个数

显然是3。那么这个3就是去掉的那个数。这就是说，9−余数=去掉的数。但是，当余数是0时，去掉的数字可能是0也可能是9。

请自己做做这样的游戏。

16 袋鼠和鹿的200 m赛跑

可以想象，如果用同样的速度跑完相同的距离，那么当然分不出胜负。在袋鼠和鹿的这场比赛中，鹿取得了胜利。其理由是：

袋鼠用33步跑完99 m后，还要向前跑一步，跑到102 m处返回。而鹿用50步跑到100 m处立刻就返回。这样，在这场一去一回的赛跑中，在去的过程里，袋鼠就比鹿多跑了2 m，而它们跑的速度又相同。所以，在这场比赛中，鹿必胜无疑。

17 用三个9做计算，使其结果等于8

如果能想到分子和分母相同的分数实际上就等于1，那么，问题就很容易得到解决：

$$9-\frac{9}{9}=8$$

当然也可以这样做：

$$9-9\div 9=8。$$

18 一道关于挂钟的趣题

也许会有人这样想：由于挂钟响6下需要6 s，因此响12下不就需要12 s吗。遗憾得很，这个想法是错误的。

解答此题时，一定要把响6下需要6 s的含意搞清楚。由下图可以看出，当挂钟响6下时，在相邻的响与响之间出现的间隔是5个。所以，每个间隔的时间是

$$6 \text{ s} \div 5 = 1.2 \text{ s}$$

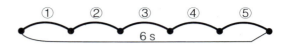

由上面的分析可知，当挂钟响12下时，由于在相邻的响与响之间出现的间隔是11个，因此所需要的时间是

$$1.2 \text{ s} \times 11 = 13.2 \text{ s}$$

19 长针和短针赛跑

如果在每小时里长针都追过短针1次，那么在24 h里，长针就会追过短针24次。可是，事实上，从今天的12点到13点，长针和短针是从同一个地方出发的，在这1 h里，不会发生长针追过短针的情况。同样，在夜里的24点到1点这1 h里，也不会发生长针追过短针的情况。还有，从明天的11点到12点这段时间里，由于长针和短针在12点时才相遇，因此在这1 h里也不存在长针追过短针的情况。所以，此题的正确答案是：长针追过短针21次。对此，看一看下页的图示就更清楚了。

| 12 | 1 | 2 | 3 | 4 | 5 | 6 | 7 | 8 | 9 | 10 | 11 | 12 | 1 | 2 | 3 | 4 | 5 | 6 | 7 | 8 | 9 | 10 | 11 | 12 |
| 时 | | | | | | | | | | | | 时 | | | | | | | | | | | | 时 |

在这1小时里，长针不能追过短针　　　在这2小时里，长针只追过短针1次　　　在这1小时里，长针不能追过短针

○表示长针追过短针的时间

20 天平上砝码的问题

你是用什么方法解出来的？

把放到左边盘子里的砝码的质量一个一个地写出来，求出它们的和。然后，把放到右边盘子里的砝码的质量也一个一个地写出来，求出它们的和。最后再求出这两个和的差就行了。这是一个解法。

实际上，我们可以不用那样繁琐的计算，就可以直截了当地把题解出来。我们应该考虑到，当按规定把砝码一对一对地放到左右盘子里时，总是放到右边盘子里的砝码比放到左边盘子里的砝码多1 g。由于砝码总共有100个，因此放到左右两个盘里的砝码各50个。所以，右边的盘子比左边的盘子多50 g。

数学世界探险记

三对动物父子过河

21

首先,三对父子中的任何一对划船渡过河去。然后,小家伙留下,大兽划船回来。

其次,两个小家伙划船渡过河去。然后,三个小家伙中的任何一个划船回来。回来的小家伙由于有自己的爸爸在场,因此,不会被那两只大兽吃掉。

再其次,回来的这个小家伙和它的爸爸留下,那两个大兽划船渡过河去。然后,已经渡过河去的两对父子中的任何一对划船回来。到这时为止,只有一对父子在河的对岸,而另两对父子仍在河的这边。

接下来,这边的两个大兽划船渡过河去。由于对岸的那个小家伙有自己的爸爸守在身边,当然不会被刚过去的大兽吃掉。然后,这个小家伙划船回来。这时,三个大兽都在河的对岸,三个小家伙都在河的这边。

再接下来,河这边的三个小家伙中的任何两个划船渡过河去。然后,仍在河这边的那个小家伙的爸爸划船回来。最后,这对父子再划船渡过河去。就这样,三对动物父子都平平安安地过了河。

按上述的做法,总共向对岸渡6回。那么,还有没有更高明的少于6回的渡法呢?

22 虫蛀数字的计算②

怎么样?稍微有点难吧?即使这样,答案也不写了。动脑筋去做虫蛀数字的计算是很有趣的。同家里的人一起,集中大家的智慧来做这样的题,会使得大家都感到愉快。

23 划拳与花纸

总之,应该考虑的是在26次划拳游戏中,姐妹两人各输多少次才会使每人手中花纸的数量与做游戏前的数量相等。为此,我们做如下的分析。

当姐姐输5次时,姐姐给妹妹的花纸的总张数是40(8×5=40);当妹妹输8次时,妹妹给姐姐的花纸的总张数也是40(5×8=40)。这时,虽然她们各自手中的花纸的数量与游戏前的数量相等。但是,由于5次加8次是13次而不是26次。因此,这5次和8次不是正确的答案。我们知道,40是8和5的公倍数。那么,我们再考虑一下8和5的其他公倍数。请看下表。

8和5的公倍数	40	80	120
姐姐输的次数	5	10	15
妹妹输的次数	8	16	24
两人划拳的次数	13	26	39

一看这个表立刻就会知道,在26次划拳游戏中,只有在姐姐输10次和妹妹输16次的情况下,两人各自手中的花纸的数量才与

游戏前的数量相同。

现在把这个问题用二元一次方程组做一下。设姐姐输的次数为 x，妹妹输的次数为 y，那么

$$\begin{cases} x+y=26 & ① \\ 8x-5y=0 & ② \end{cases}$$

方程①乘以8，得

$$8x+8y=208 \qquad ③$$

方程③减②，得

$$\begin{array}{r} 8x+8y=208 \\ -\underline{(8x-5y=0)} \\ 13y=208 \\ y=\dfrac{208}{13} \\ y=16 \qquad ④ \end{array}$$

把式④代入方程①，得

$$x+16=26$$
$$x=26-16$$
$$x=10$$

24 剪细绳

细绳被剪成5段。请实际做一做看。

25 究竟驮了多少瓶葡萄酒？

按已知条件，如果从公驴那儿拿1瓶给母驴，那么，公驴和母驴所驮的瓶数恰好相等。由此可知，公驴与母驴所驮的葡萄酒的瓶数之差是2。据此，我们可列出下表。

公驴驮酒的瓶数	3	4	5	6	7	8	9	10
母驴驮酒的瓶数	1	2	3	4	5	6	7	8

这就是说，如果公驴驮3瓶，那么母驴驮1瓶；如果公驴驮7瓶，那么母驴驮5瓶；……。另一方面，当从母驴那儿拿1瓶给公驴时，那么就有下表所表示的情况。

公驴驮酒的瓶数	4	5	6	7	8	9	10	11
母驴驮酒的瓶数	0	1	2	3	4	5	6	7

由这个表可以直接看到，在什么情况下公驴驮酒的瓶数是母驴驮酒的瓶数的2倍。从而可以断定公驴和母驴究竟各驮多少瓶葡萄酒。答案是公驴驮7瓶，母驴驮5瓶。

现在用方程组做一下。设公驴驮 x 瓶，母驴驮 y 瓶，那么

$$\begin{cases} x+1=2(y-1) & ① \\ x-1=y+1 & ② \end{cases}$$

方程①减②，得

$$2=y-3 \quad y=5$$

方程②变形

$$x=y+2 \qquad ③$$

把 $y=5$ 代入方程③，得

$$x=5+2=7$$

答：$\begin{cases} x=7 \\ y=5. \end{cases}$

数学世界探险记

26 利用直线作曲线

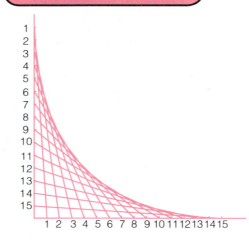

27 9条线怎么变成了8条？

真是不可思议呀。这好像是变魔术，而不像是用数学解答的问题。

原来是9条线，现在是8条线，确实是少了一条线。但是，现在的8条线都比原来的线长。如果把长出来的部分都连接在一起，那么恰好成为原来那样长的一条线。

所以，线并没有消失，只是移到别处去了。

28 奇怪，消失了一个人！

把横线下面的部分向右移动，原来6个男人的脸谱就变成了5个男人的脸谱。其实，原图中的任何部分都没有消失，只是移动了位置。

29 发现了新星！

大天文学家发现的那颗大新星在哪儿呢？看看下页的图示就清楚了。怎么样？你看见这颗星了吗？

30 4个人骑3匹马旅行

首先考虑3匹马所走路程的总和。由于每匹马都走60 km，因此，3匹马所走路程的总和是60 km×3=180 km。

其次，由于每个人骑马走的路程都相等，因此每个人骑马走的路程应该是180 km÷4=45 km。

请看下图。

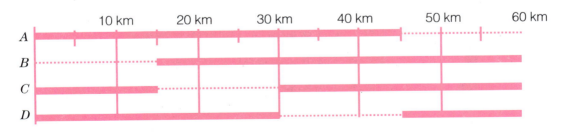

图中的粗实线表示骑马走的路程，虚线表示步行的路程。可以看出，每个人骑马走45 km，步行15 km。

下面再给一题，请你做做看。

数学世界探险记

3个人要行30 km的路,身边只有2匹马。在整个30 km的旅程中,如果限定每匹马自始至终都要有一个人骑着,而且每个人骑马走的路程都相等。那么怎样安排?

此题的考虑方法与上题相同,相信你能做出来。所以,答案就不写了。

31

搭救国王和公主

① 首先把石臼(30 kg)放到一个筐里,落下去。这时,塔上让公主(40 kg)坐到另一个筐里。于是,公主平稳地落到地面,而石臼返回塔上。

② 塔上,把石臼从筐里取出来,让吉扬(50 kg)坐进去。于是,吉扬落下去,而公主返回塔上。

③ 吉扬从筐里下来留在地面,公主从筐里下来留在塔上。塔上,把石臼放到筐里,让石臼落下去。石臼落到地面后,吉扬也坐进这个放石臼的筐里。这时,让塔上的国王(90 kg)坐到筐里。于是,国王落到地面,吉扬和石臼(50 kg+30 kg=80 kg) 返回塔上。

④ 塔下,国王从筐里下来。塔上,吉扬也从筐里下来,让石臼落下去。这时,塔上让公主坐到筐里。于是,公主又平稳地落到地面,而石臼返回塔上。

⑤ 塔上,把石臼从筐里取出来,吉扬坐进去。于是,吉扬落到地面,而公主又返回塔上。

⑥ 塔下,吉扬从筐里下来。塔上,公主也从筐里下来,而把石臼放进去。于是,石臼落到地面。这时,塔上的公主再坐到筐里。于是,公主平稳地落到地面,而石臼返回塔上。

就这样,国王,公主和吉扬都安全顺利地逃离了禁锢他们的高塔。

32 哪月出生，现年几岁？

```
    12 ……… 出生的月份
  ×  2 ……… 乘2
    24
  +  5 ……… 加5
    29
  × 50 ……… 乘50
  1450
  + 10 ……… 加年龄
  1460
  -250 ……… 减250
  1210
   ↑ ↑—年龄
  出生月份
```

请看上面的计算。这个计算是以嘟嘟的情况做出来的。对于其他任何人来说，也都可以采用同样的问答办法，很快地答出他的出生月份和现年几岁。这是为什么呢？请看下面的计算。

设出生月份为 x，年龄为 y，那么按上面的算法，有

$$(2x+5) \times 50 + y - 250$$

计算一下，得

$$100x + 250 + y - 250 = 100x + y$$

据此，便可以答出出生的月份和年龄。

33 虫蛀数字的计算③

好吓人啊！这真像高楼大厦上面的窗户。这是一个从古代流传下来的著名的虫蛀数字的计算问题。尽管这道题看上去很眼晕，但还是有线索可循的。按理说，会做除法的人都应该会解。

数学世界探险记

答案不写了,你自己努力地去做吧。

提示:把0填到10个洞里。至于哪个洞填0,请你自己考虑。

34 为防盗而架设铁丝网

像下面图示那样规规矩矩地围起来。这样一围,想偷拿竹笋的人也就只好罢手了。

35 究竟哪个大?

请看下面的图形。因为同样大小的三角形在黑色部分有4个,在白色部分有5个。所以,白色部分的面积大。

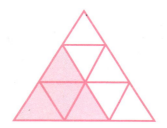

36 玻璃杯中的细胞分裂

此题的答案不是30 min，而是59 min。为什么呢？由于1个细胞分裂成2个需要1 min的时间。因此，把2个细胞放入玻璃杯，就相当于把1个细胞放入玻璃杯1 min以后的情况。所以，从2个细胞放入玻璃杯时开始，直到分裂出的细胞装满玻璃杯时止，所需要的时间是60 min－1 min＝59 min。

请继续考虑，从把1个这样的细胞放入玻璃杯中开始，直到分裂出的细胞占半玻璃杯时为止，需要多长时间？

这个问题的答案不是30 min，也是59 min。稍加思考就能知道：由于从1个细胞开始，到分裂出的细胞装满玻璃杯时为止，共需60 min的时间。那么，第59 min时细胞的数量不恰好应该是第60 min时细胞的数量的一半吗？换言之，第60 min时细胞的数量不恰好应该是第59 min时细胞数量的2倍吗？

37 找出质量小的小球

①把9个小球平均分成3组，于是每组有3个小球。

②把其中任何两组小球分别放到天平两边的盘子里。如果天平出现偏斜，那么质量小的小球一定在偏上的盘子中；如果天平不出现偏斜，那么质量小的小球一定在没入盘的那组小球中。

③ 在已经判明混进质量小的那组小球中任意拿出两个，分别放到天平两边的盘子中。如果天平出现偏斜，那么质量小的小球就在偏上的盘子中；如果天平不出现偏斜，那么没入盘的那个就是质量小的小球。

数学世界探险记

38 避开由你消最后一个点

你找到绝对取胜的方法了吗?告诉你,你可以按下面的方法来做。

在你先消的情况下,你一定先消去3个点。接下来,等对手消完后轮到你第二次消时,你一定使自己消完后留给对手的是13个点。再接下来,等对手消完后轮到你第三次消时,你一定使自己消完后留给对手的是9个点。再接下来,你给对手留下5个点,1个点。这样,你不就取胜了吗?

在对手先消的情况下,你就设法在自己消完后留给对手13个点,9个点,5个点。这样,最后那个点还是要由对手去消。容易想到,如果做游戏的双方都知道这个窍门,那么谁先消谁取胜。

39 分11头大象

这件事无论怎么说,都是老先生的遗言有毛病。这是因为对于$\frac{1}{2}+\frac{1}{4}+\frac{1}{6}$来说,通分得$\frac{6}{12}+\frac{3}{12}+\frac{2}{12}$,计算结果得$\frac{11}{12}$,而不是1。如果老先生在遗言中说把11头大象按$\frac{6}{11}$,$\frac{3}{11}$,$\frac{2}{11}$的比例分给三个儿子的话,那么就不会使人感到为难了。

但是,不管怎么样,这还是一个很有趣的故事。

100棵苹果树结多少个苹果?

40

米丽娅和嘟嘟要解答这个问题,听听他们是怎么说的!

嘟 嘟 这个嘛,计算一下2+4+6+8+…+196+198+200不就行了吗?

米丽娅 以前我曾听说过,要想把从1到100这些数的和很快地算出来,可以像图示那样,把一对一对的数分别加起来,显然

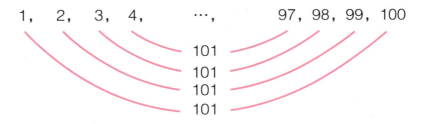

各对数加起来都恰好等于101,……

嘟 嘟 我懂了。接下来再看有多少个101就行了。这个算法也可以用在刚才那个苹果问题上嘛。

(刚才米丽娅介绍的计算从1到100这100个数的和的方法,实际上,这是一向被称为"数学家之王"的德国数学家高斯(1777—1855)在念小学三年级的时候就给出来的。

对于1+2+3+4+…+97+98+99+100,即使用算盘来算也是挺麻烦的。如果采用高斯给出的方法,那么,首先是1+100=101,其次是2+99=101,再其次是3+98=101,……

显然,一共有50个101。所以,从1到100这100个数的和等于101×50=5 050。

这样做,不是很快地得到答案了吗?)

关于刚才那个苹果问题，请看一下图示，很容易知道一共有50个202。

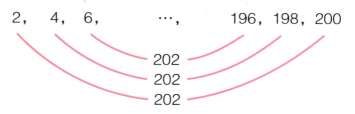

所以，所求的苹果的个数是

$$202 \times 50 = 10\,100$$

这是就正确的答案。

41 把4只汽艇开到对岸去

你能按约定的条件，用15 min的时间把4只汽艇都开到对岸去吗？首先把红艇和蓝艇开到对岸去，这需要2 min。接着把蓝艇开回来，这需要2 min。其次把白艇和绿艇开到对岸去，这需要8 min。接着把红艇开回来，这需要1 min。最后把红艇和蓝艇开到对岸去。这样开去开来，开来开去，总共用了多少分钟呢？做一下简单的加法运算就会知道，恰好是15 min。

42 两个旅行者和一只狗

如果死板地考虑狗在两人之间走来走去，那么计算起来会很麻烦。

现在请看下图。

约翰出发1 h后，走到离旅店3 km的地方。这时，鲍鲁和狗从旅店出发，1 h后，走到离旅店6 km的地方，并恰好在这个地方追上约翰。狗在出发后的1 h内，在鲍鲁和约翰之间来回行走。由于狗行走的时速是10 km，因此狗行走的路程是10 km。

43 七巧板

正确的答案请见下图,注意其中的序号。

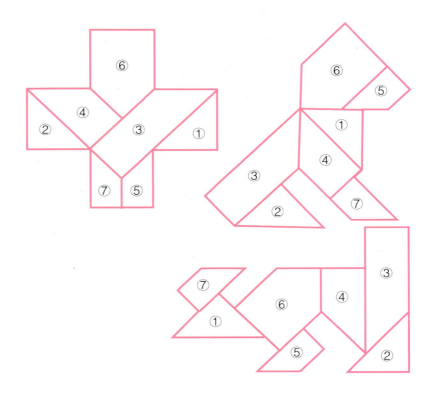

44 野狗的美梦

在一个大圆上画13个小圆,用来代表13个盘子。首先,从这13个小圆中选定一个做为开头的,并做个记号。然后,按规定一次一次地数小圆,并把每次所数到的第13个小圆消去。当然,如

果在某一次数小圆的过程中,那个被选为开头的小圆恰好是第13个小圆时,也要把它消去。

如果你的做法能使最后剩下的小圆恰好是代表装方糕盘子的那个小圆,那么你就做对了。

这里给的答案是:按顺时针方向来考虑。当你把下面图示中代号为6的小圆选定为开头的小圆时,那么消来消去,最后剩下的一定是代表装方糕盘子的小圆。

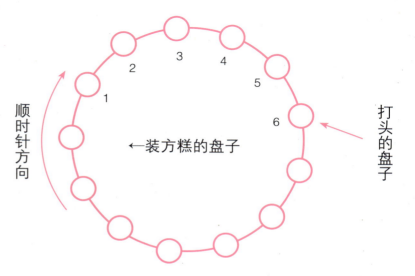

45 梵塔问题

在左边柱上有3块圆盘的情况下,移动7次就行了。在左边柱上有4块圆盘的情况下,需要移动15次。对于这两种情况,请看画在下两页上的图示。

3→7,4→15,在对应的两个数字之间当然应该有关系。你还记得在第六册中讲的变身箱吗?

如果这个变身箱的作用弄清楚了,那么,在有5个圆盘,16个圆盘的情况下究竟需要移动多少次的问题,即使不一次一次地去操作,也可以明白。

当左边柱上有3个圆盘(ABC)时

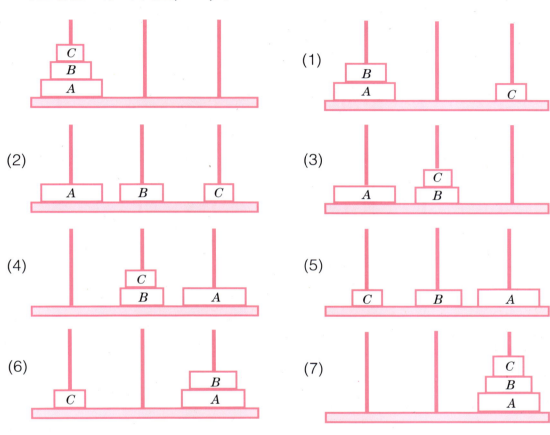

当左边柱上有4个圆盘(ABCD)时

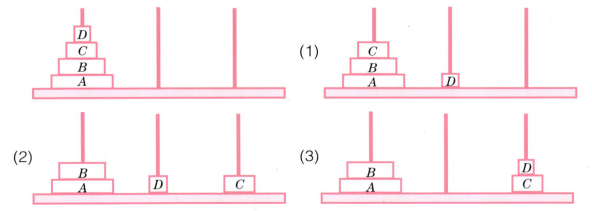

数学世界探险记

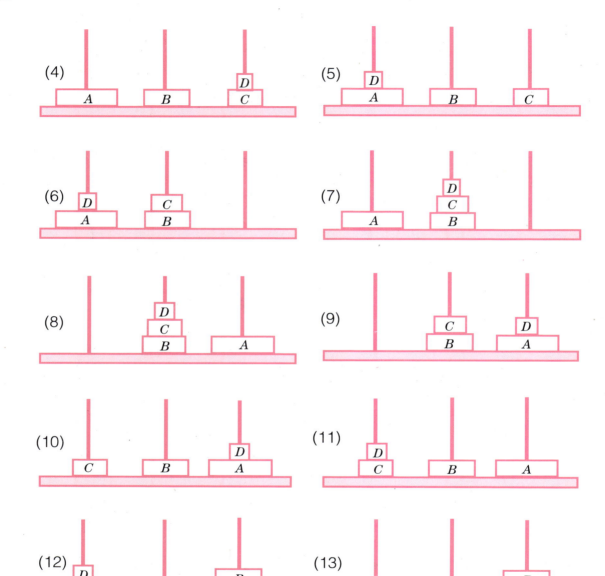
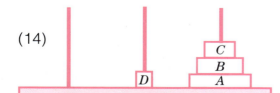

实际上，当圆盘的数量为 n 时，移动的次数为 2^n-1。这件事可以用画在下面的变身箱来表示。

这样，当圆盘的具体数量已知时，就可以利用 2^n-1 准确地算出移动圆盘的次数。

当圆盘的数量为3时，移动圆盘的次数为
$$2^3-1=2\times2\times2-1=8-1=7$$
当圆盘的数量为4时，移动圆盘的次数为
$$2^4-1=2\times2\times2\times2-1=16-1=15$$
当圆盘的数量为16时，移动圆盘的次数等于16个2相乘减1。一计算便知，这个数是65 535。

现在假设每移动一块圆盘需要1 s。那么从开始移圆盘时算起直到64块圆盘移到另一根柱上为止，共需多少时间？

利用式子 2^n-1 可以算出移动圆盘 $2^{64}-1$ 次，从而，所需要的时间为 $2^{64}-1$ s，约合58万亿年。到那时地球将会怎样？谁也说不清楚。

数学世界探险记

出自一个少女之手的算题

46

我们按照罗伯特所做的提示，把少女的年龄装到盒子里，然后建立式子。于是，有

$$\square = 3 \times (\square + 3) - 3 \times (\square - 3)$$

如果用 x 代替盒子，那么就有

$$x = 3(x+3) - 3(x-3)$$

于是

$$x = 3x + 9 - 3x + 9$$
$$x = 3x - 3x + 9 + 9$$
$$x = 18$$

所以，少女现年18岁。

赴约

47

由于米丽相信自己的表快25 min，因此，为了按约定的9时零5分准时赴约，她按自己的表，于9时30分来到教堂门前。然而，由于米丽的表实际上慢10 min，因此，她到教堂门前的实际时间是9时40分。那么约翰这方面会怎样呢？由于约翰相信自己的表慢10 min，因此，为了准时赴约，他按自己的表，于8时55分来到教堂门前。然而，由于约翰的表实际上快5 min，因此，他到教堂门前的实际时间是8时50分。所以，约翰比米丽早到50 min。

落难人与饼干

48

解这个题有两个关键。第一，就像罗伯特想的那样，从最后剩下的8块饼干开始，往回推算就行了。第二，把这个问题画个示意图，看起来会更清楚。

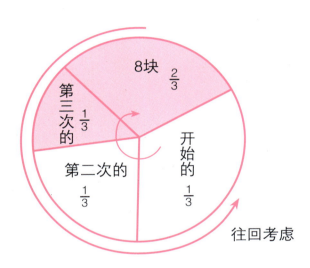

第三个人吃掉 $\frac{1}{3}$ 以后剩下 $\frac{2}{3}$，而这个 $\frac{2}{3}$ 就相当于8块饼干。所以，第三个人吃前饼干的块数为

$$8 \div \frac{2}{3} = 8 \times \frac{3}{2} = 12$$

这样，图中的黑影部分是12块饼干。

同样，第二个人吃掉 $\frac{1}{3}$ 以后剩下 $\frac{2}{3}$，而这个 $\frac{2}{3}$ 相当于12块饼干。所以，第二个人吃前饼干的块数为

$$12 \div \frac{2}{3} = 18$$

第一个人吃掉 $\frac{1}{3}$ 以后剩下 $\frac{2}{3}$，而这个 $\frac{2}{3}$ 相当于18块饼干。所以，三人刚上岛时，袋中所装饼干的块数为

$$18 \div \frac{2}{3} = 27$$

数学世界探险记

49 在火车上睡觉所产生的问题

请看下面画的图

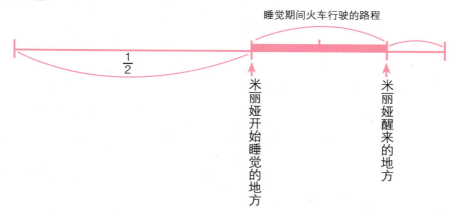

由于米丽娅在睡觉期间火车行驶的路程的一半，等于从米丽娅醒过来时起到火车抵达终点这个期间火车所行驶的路程。因此，这段路程应等于全程一半的 $\frac{1}{3}$。所以，米丽娅在睡觉期间，火车行驶的路程等于全程一半的 $\frac{2}{3}$，即 $\frac{1}{2} \times \frac{2}{3} = \frac{1}{3}$。

由此可见，米丽娅在睡觉期间，火车行驶的路程是全程的 $\frac{1}{3}$。

50 鸭子和鸭蛋

51 面积怎么变了？

请把纸切开，并像图示那样拼起来。仔细一看便会发现，原来要想把4块纸拼成真正的长方形，中间是要出现缝隙的。这样，面积就会变大。缝隙的面积是多少？当然是 13 cm×5 cm与8 cm×8 cm的差，也就是1 cm²。

52 27枚金币

只要使用3次天平，就能把那枚假金币找出来。

①把27枚金币平均分成3组，这样每组有9枚金币。

②把3组金币中的任何两组分别放到天平两边的盘子里。如果天平出现偏斜，那么假金币一定在偏上的盘子里；如果天平没出现偏斜，那么假金币一定在没入盘的那组中。

③把已经认定含假金币的那组金币再平均分成3份，这样，每份有3枚金币。把这3份中的任何两份分别放到天平两边的盘子里。如果天平出现偏斜，那么假金币一定在偏上的盘子里；如果天平没出现偏斜，那么假金币一定在没入盘的那份中。

④把已经认定含假金币的那份中的任何两枚分别放到天平两边的盘子里。如果天平出现偏斜，那么偏上盘里的金币就是假金币；如果天平没出现偏斜，那么没放到盘子里的那枚金币就是假金币。

数学世界探险记

侦查制做假银币的人!

53

把每个人拿出来的10枚银币各摆成1摞,一共8摞,其中有1摞是假的。

由于1枚真银币的质量为50 g,因此10枚的质量为500 g。这当然也就是1摞真银币的质量。而1摞假银币的质量为45 g×10=450 g。

如果可以使用8次秤,那么查出假银币便是一桩很简单的事情。然而,偏巧这秤只能使用1次,这就困难了。

不过,问题还是能够解决的。

首先,从第1摞中拿出1枚银币,从第2摞中拿出2枚,从第3摞中拿出3枚,……,从第8摞中拿出8枚,合起来共36枚。

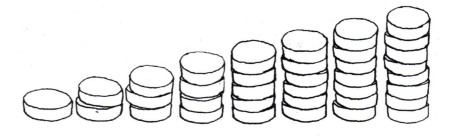

然后,把这36枚银币一起放到秤上去称。

显然,如果这36枚银币都是真的,那么其质量之和为

50 g×36=1 800 g

如果其中有假的,那么称出的质量肯定少于1 800 g。这时,算出1 800 g与实际称得的质量之差。例如,实际称得的质量是1 780 g,那么这个差就是1 800 g−1 780 g=20 g。由于1枚假银币比1枚真银币的质量少5g,因此假银币的枚数为20÷5=4。这样就可以断定第4摞银币是假的。从而便查出了制作假银币的罪犯。

详细情况请见下表。

36枚银币的质量	计　　算	制作假银币的人
① 1 795 g	1 800−1 795=5　　5÷5=1	第1个人
② 1 790 g	1 800−1 790=10　10÷5=2	第2个人
③ 1 785 g	1 800−1 785=15　15÷5=3	第3个人
④ 1 780 g	1 800−1 780=20　20÷5=4	第4个人
⑤ 1 775 g	1 800−1 775=25　25÷5=5	第5个人
⑥ 1 770 g	1 800−1 770=30　30÷5=6	第6个人
⑦ 1 765 g	1 800−1 765=35　35÷5=7	第7个人
⑧ 1 760 g	1 800−1 760=40　40÷5=8	第8个人

数学世界探险记

54 巫婆的骗人鬼话

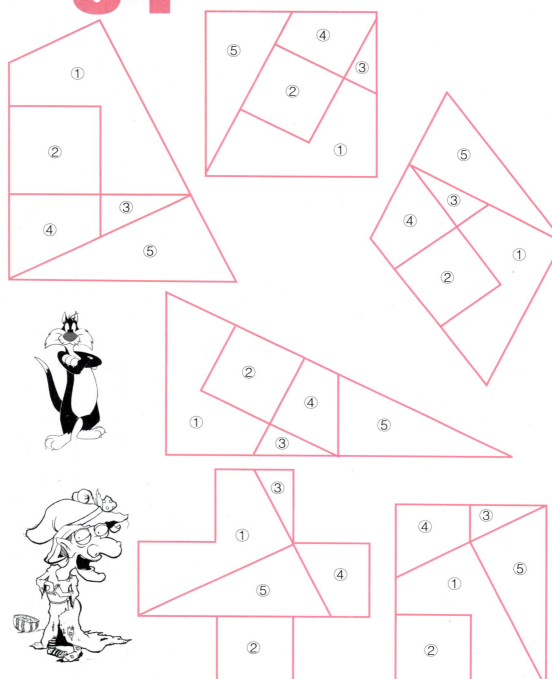

55 把钢丝缠绕在地球上

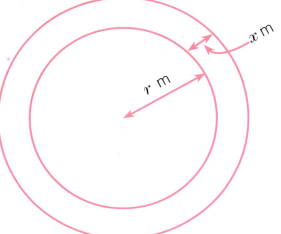

设地球的半径为 r m，钢丝与地球之间出现的间隔为 x m。那么，地球的大圆的周长为

$$2\pi r \qquad ①$$

钢丝连同开口的长度为

$$2\pi(r+x) \qquad ②$$

由于地球的大圆的周长为 40 000 km，因此，由式①得
由式①得

$$2\pi r = 40\,000\,000 \qquad ③$$

由式②得

$$2\pi(r+x) = 40\,000\,001 \qquad ④$$

由式④得

$$2\pi r = 40\,000\,001 - 2\pi x \qquad ⑤$$

式⑤减③

$$\begin{aligned} & 2\pi r = 40\,000\,001 - 2\pi x \\ -\ & 2\pi r = 40\,000\,000 \\ \hline & 0 = 1 - 2\pi x \end{aligned}$$

$$x = \frac{1}{2\pi} \approx 0.159$$

这表明，钢丝与地球之间出现的间隔约为 16 cm。真是出人意料，钢丝仅仅有 1 m 的开口，就会在钢丝和地球之间出现这么大的间隔啊。

数学世界探险记

问候600次"早安！"

56

当班里总共有2名同学时，共问候多少次"早安"？显然是2次。

当班里总共有3名同学时，共问候多少次"早安"？是6次。对此请看下面左边的图示。

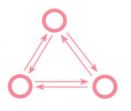 

当班里总共有4名同学时，共问候多少次"早安"？共12次。

对此，请看上面右边的图示。

下面，对这个问题仔细地做一分析。

对班里的每一个同学来说，他(她)一定要向班里的其余所有同学各问候1次"早安"。于是，当班里共有4名同学时，那么每个同学都要向其余3名同学各问候1次"早安"。当班里共有5名同学时，那么每个同学都要向其余4名同学各问候1次"早安"。总之，有下面的等式

班里的人数−1=1个人问候"早安"的次数

从而，又有下面的等式

(班里的人数−1)×(班里的人数)＝
班里全体同学问候"早安"的次数

现已知米丽娅所在的班级的全体同学互相问候"早安"600次。如果把班级的人数设为a。那么，由上面的第二个等式得

$$(a-1) \times a = 600$$

因为24×25=600，并且除此以外再没有其他相乘得600的相邻二数。所以，米丽娅所在的班级共有25名同学。